Las Hermanas Son Especiales

Un Tributo A Nuestras Amigas Más Amadas

COMPILADO POR
Lucy Mead

TRADUCCÍON POR MARÍA DE JESÚS

VALUE ESPAÑOL
NUEVA YORK

Esta edición 2003 ha sido publicada por Value Español, imprenta de Random House Value Publishing, división de Random House, Inc., Nueva York.

Random House
Nueva York • Toronto • Londres • Sidney • Auckland
www.randomhouse.com

Diseño interior: Karen Ocker Design, Nueva York

Impreso y empastado en Singapur

Library of Congress Cataloging-in-Publication Data

Sisters are special. Spanish
  Las hermanas son especiales : un tributo a nuestras amigas más amadas /
Lucy Mead ; traducción por María De Jesús.
    p. cm.
  ISBN 0-517-22185-3 (hc)
    1. Sisters—Quotations, maxims, etc. 2. Sisters—Poetry. I. Mead, Lucy. II. Title.

PN6084.S56 S56618 2003
306.875—dc21

2002035897

9 8 7 6 5 4 3 2 1

LAS HERMANAS
SON ESPECIALES

Los esposos vienen y van; los hijos llegan y con el tiempo se van. Los amigos crecen y se alejan. Pero hay alguien a quien nunca pierdes, a tu hermana.

GAIL SHEEHY

Nunca seré tan bella ni tan graciosa como [mi hermana] Jane, pero siempre tendré mejor trato y seré menos molesta que ella. Fui la favorita de mi madre, no por mí, sino por la manera tan fácil en que me rendía…Sentía un gran placer cuando mi madre decía, "¿por qué no puedes ser como Sarah?"

SARAH FERGUSON, Duquesa de York

Puedes mandar al diablo a tu hermana en doce idiomas distintos y cuando necesitas dinero le dices, "Necesito veinticinco", y ella te los da. Una amiga puede decir no quiero volver a verte y la olvidarás. No puedes olvidar a una hermana. Naces con ellas y con ellas mueres. O ellas se mueren y te dejan sintiéndote desconcertado.

ELIZABETH MEAD STEIG, hermana de Margaret Mead

Las hermanas mayores son la hierba de los campos de la vida.

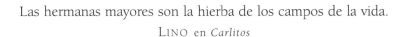

LINO en *Carlitos*

Mi hermana Mae (a la que llamábamos Sissy) fue hija única por seis años, hasta que mi hermano Ben y yo nacimos el mismo día con un año de diferencia. Se suponía que Sissy me cuidaría en el coche de niños, pero decidió tomar el asunto en sus manos. Empujó el coche hasta un mercado A & P y me dejó allí. ¡Afortunadamente mi padre se dio cuenta de que el coche no estaba y pude ser encontrada y criada en mi propio hogar!

VIVIEN, 78 AÑOS

Nunca alabes a una hermana frente a otra hermana esperando que tus elogios lleguen a los oídos apropiados.

RUDYARD KIPLING

Querida hermana:

Estoy encantado con el informe tuyo que me da el Capitán Freeman. Siempre juzgué por tu comportamiento de niña que llegarías a ser una mujer buena y agradable, y tú sabes que eras mi favorita... Adiós hermana y recuerda que la modestia, así como hace amable y encantadora hasta a la virgen hogareña, el tanto anhelarla, inevitablemente convierte la belleza más perfecta en desagradable y odiosa.

BENJAMÍN FRANKLIN

8

Ella, [mi hermana Paulina] fue una excelente estudiante. Yo la idolatraba por sus buenas calificaciones, porque nunca arrugaba la bolsa de su almuerzo, porque sus orejas no resaltaban cuando se peinaba con cola de caballo y siempre olía a violetas.

JOAN BAEZ

Mi hermana Emily amaba los riscos. Por ella florecían en lo más oscuro del brezal flores más brillantes que las rosas—saliendo de una sombría depresión en una lívida ladera, su mente concebía el Edén. Encontraba en la soledad yerma muchos y apreciados deleites y no fue la libertad la menos amada.

CHARLOTTE BRONTË

Mi hermana mandaba e iba a la universidad. No hacía nada más. Yo tenía todo el trabajo del mundo asistiendo al colegio y sirviendo a todos…

ERMA BOMBECK, *Family—The Ties That Bind…and Gag!*

Recuerdo haberme sentido eternamente ofendida, porque sentía que mi hermana era beneficiada por estándares más permisivos y fáciles. La hora de llegada era pasada la medianoche; el castigo por malas calificaciones menos duro. Cuando viví con mi novio mi padre enfureció; cuando mi hermana vivió con su novio, su padre se resignó y fue hasta filosófico.

ANNA QUINDLEN, *Hermanas*

Mi relación con mi hermana Margaret variaba. Era íntima y me encargaba de ella cuando era pequeña. Me sentía protectora, pero no siempre. No soportaba que fuera bella, desvalida y entremetida. Trataba de ahogarla, con las dos manos alrededor de su cuello.

AGNES DE MILLE

Viaja en el asiento de adelante, es mi hermana mayor
Sabe que tiene poder sobre mí
Se va a la cama una hora más tarde que yo.

Cuando apaga la luz,
¿en qué pensará?
¿Y qué hace en el día
que la hace tan especial?

CARLY SIMON, "Older Sister"

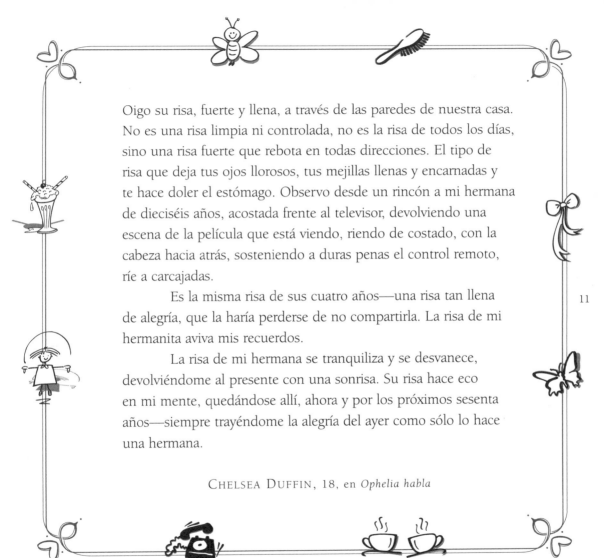

Oigo su risa, fuerte y llena, a través de las paredes de nuestra casa. No es una risa limpia ni controlada, no es la risa de todos los días, sino una risa fuerte que rebota en todas direcciones. El tipo de risa que deja tus ojos llorosos, tus mejillas llenas y encarnadas y te hace doler el estómago. Observo desde un rincón a mi hermana de dieciséis años, acostada frente al televisor, devolviendo una escena de la película que está viendo, riendo de costado, con la cabeza hacia atrás, sosteniendo a duras penas el control remoto, ríe a carcajadas.

Es la misma risa de sus cuatro años—una risa tan llena de alegría, que la haría perderse de no compartirla. La risa de mi hermanita aviva mis recuerdos.

La risa de mi hermana se tranquiliza y se desvanece, devolviéndome al presente con una sonrisa. Su risa hace eco en mi mente, quedándose allí, ahora y por los próximos sesenta años—siempre trayéndome la alegría del ayer como sólo lo hace una hermana.

CHELSEA DUFFIN, 18, en *Ophelia habla*

11

Prue: "¿Piper estás bien?"
Piper: "¡No. Y tú tampoco. Estamos encerradas en
esta casa y nuestra hermana está tratando de matarnos!"

de la serie de TV *Charmed*

12

He perdido un tesoro, tal hermana, tal amiga que nunca ha podido
ser superada. Era el sol de mi vida, el forjador de los placeres, el
apaciguador de las penas; no tenía pensamientos que ella no
conociera. Es como haber perdido una parte de mí misma…

CASSANDRA AUSTEN en la muerte de su hermana Jane

Estoy contenta que [mi hermana] Sophie se vaya a casar, porque
las peleas sin fin entre nosotras eran horribles para mí.

ANNA FREUD

Necesitas pelear. Necesitas expresar tu inseguridad, tus celos o tu rabia. Y esto es lo que saben hacer las tres hermanas.

VICKI LEWIS, estrella de "*Las Tres Hermanas*" de la NBC

Deja que me sumerja en la maldad, también en un sentimiento ruin de no ser tan buena como mi preciosa hermana... Siempre la perseguí agresivamente en cualquier juego de cartas o de rayuela, a la que logré llevarla engañada para que jugara…y cuando se acercaba a mimarme, la empujaba lejos de mí.

NANCY FRIDAY, *Our Looks, Our Lives*

Hannah: ¿Es posible que te hayas arruinado tú mismo?
Mickey: ¿Cómo podría arruinarme a mí mismo?
Hannah: No lo sé. ¿Demasiada masturbación?
Mickey: ¿Ahora vas a empezar a quitarme mis pasatiempos?

de Hannah y sus hermanas

Mi hermana era doce años mayor que yo. Yo la idolatraba y ella era mi protectora. Richie apareció cuando yo tenía doce años. Al comienzo no fue una amenaza. Me llevaban a los juegos de baseball, al circo, a patinar y a la playa. Y él me dio maravillosos regalos de Navidad: "Hound Dog" de Elvis.

Bueno, decidieron casarse y yo quedé desolada. Siendo niña, estaba convencida de que tendría a mi hermana sólo para mí. Me dejaron ser damita de honor, pero decirle adiós la noche que se marchó, fue espantoso. Conseguí la dirección de donde estarían en Florida—El Motel Royal Palms—y les escribí todos los días. Le pedía que regresara a casa y dejara a Richie. Ella conserva todas las cartas.

Luego que me recuperé del trauma, disfruté con ellos muchos fines de semana, cuando me permitían acostarme tarde y ver películas de horror comiendo pizza. Ella siempre me ha incluido en su vida, y ha seguido siendo mi protectora y mi mejor amiga. A medida que envejece…He pensado algunas veces, que nuestros papeles se invertirán y que yo la cuidaré tan amorosamente como ella me cuidó a mí.

JAN, 52 AÑOS

En gustos y temperamento [mi hermana] Agnes y yo éramos complementarias, como los colores…A mí me gustaba una clase de belleza y a ella otra. Por eso nunca tuvimos necesidad de reñir y no hubo celos entre nosotras.

ROSE KENNEDY

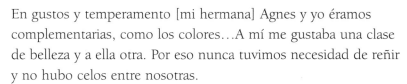

Si las hermanas tuvieran derecho de expresar lo que realmente sienten, los padres oirían lo siguiente: "Dame toda la atención y todos los juguetes y envía a Rebecca a vivir con la abuela."

LINDA SUNSHINE

Lee Radziwill dice que su hermana mayor [Jackie] la encontraba "bastante fastidiosa," pero que eran muy cercanas. "Una de las cosas más destacadas que me hizo, fue pegarme en la cabeza con un mazo de croquet dejándome inconsciente por todo un día, según me contaron."

LEE RADZIWILL en *Just Jackie*

En 1927 a Marcia le dio varicela. Mis padres no se podían quedar con ella pues tenían que atender la tienda y Marcia demandaba compañía. Yo fui el elegido. Era mi obligación como hermano mayor cuidar a mi hermanita. Así lo hice. Estuvo en casa por una semana y yo también, excepto mientras estaba en el colegio.

Pero, ya sabrán el resultado, tan pronto como estuvo bien y pudo salir a jugar, yo me contagié de la varicela. Así que pedí lo mismo que ella, ahora que estaba enfermo, debía hacer lo mismo que yo y acompañarme y divertirme. ¡Ni de peligro! Nunca estuvo cerca de mí y así fue como comprendí la injusticia del mundo.

ISAAC ASIMOV

Dios, confunde a esta hermana insolente, marchita su semblante con ronchas y ampollas, aprieta su laringe, sus pulmones y su hígado e irrita su intestino.

J. M. SYNGE

Como estadounidenses graduadas del colegio público, mi hermana y yo conocemos los adornos y simbolismos de las ropas. Cuando niñas nuestra madre nos vestía igual. Y si no usábamos el mismo vestido, utilizábamos el mismo estilo en diferentes colores. Si ella se ponía azul claro, yo usaba rosa. Si ella usaba azul oscuro, yo me ponía rojo. Hasta que, cuando teníamos unos cinco años, Amy le informó a nuestra madre, "Mamá, no quiero que mis vestidos sean como los de Sarah."

SARAH VOWELL, *Revista Salon*

Estoy harta de ver a mi hermana desnuda.

SHANE BARBI WAHL, modelo de
Playboy, acerca de su hermana Sia Barbi

Jo: ¡No seas tan necia! ¡Nunca podría amar a nadie como amo a mis hermanas!

Mujercitas

HERMANO Y HERMANA

"¡Hermana, hermana, ve a la cama!
Ve y descansa tu cabeza fatigada."
Así dijo el hermano prudente.

"¿Quieres que te apalee,
o que te rasguñe la cara?"
Así contestó con calma la hermana.

"Hermana no enciendas mi ira,
¡te volvería papilla tan fácilmente
como matar a una polilla!"

La hermana levantó sus ojos brillantes
Y lo miró indignada
Respondiendo furiosa, "¡inténtalo!"

Corrió él a la cocina.
"Querido Cocinero, préstame una sartén
tan pronto como puedas".

"¿Por qué debo prestártela?"
"La razón, Cocinero, está a la vista.
Quiero preparar un cocido irlandés."

"Qué carne irá en el cocido?"
"¡Mi hermana será el contenido!"
"¡Oh!"
"¿Cocinero, me prestarás la sartén?"
"¡No!"

Moraleja: Nunca hagas un cocido
de hermana.

LEWIS CARROLL

18

La mayor ironía acerca de [mi hermana] Diana es: que una niña que recibió el nombre de la antigua diosa de la caza, haya sido la persona más cazada de la edad moderna.

EARL SPENCER, hermano de la Princesa Diana

¿Quién es la amada de mi corazón
y a quién cuidé amorosamente cuando niña?
En mi corazón lo sé con claridad
es mi amada hermana.
Entregaría contenta todos mis juguetes
Para que ella fuera feliz.
En este mundo no tengo temor
Mientras tenga cerca a mi hermana.

KAREN, 16 AÑOS

Cada día Judy nos encontraría en la puerta a Susie y a mí o nos esperaría en la ventana para cuando llegáramos del colegio a almorzar o al final del día. Siempre la incluíamos en nuestras actividades y no la dejábamos fuera de nada. Cuando creció, Judy se entristecía cuando Susie o yo nos arreglábamos para salir con nuestras parejas…Muchas veces cuando íbamos a un parque de diversiones, a comer helados o a una película temprano, la llevábamos con nosotros y se ponía feliz. ¡La mayoría de las veces, nuestras parejas eran encantadas por nuestra hermanita, más que por nosotros!

JIMMIE (VIRGINIA) GARLAND

Yo quería libros y crayones nuevos y cuando coloreaba por fuera de la línea mi hermana me hacía sentir estúpida. Mi pobre hermana. Ella cuenta que le dañé todo lo que tenía.

PATTY DUKE

❀ ❀ ❀

"Mis primeros recuerdos," continúa [mi hermana] Naomi, "son cuando vivíamos en Bensonhurst. Creo que tenía como cuatro años. Me hice daño. Me caí y me raspe la rodilla o el brazo...y papito me llevó adentro...y me curó."

Mis recuerdos de astillas se encogen en una sombra mezquina al lado de los recuerdos de Naomi sobre sus servicios. Él estuvo tan presente en su joven vida, como ausente en la mía, haciendo un contraste marchito que me causa casi un dolor físico oírla recordar....El triunfo de Naomi no puede ser amenazado. Ella es la ciudadana nativa en la memoria de mi padre. Yo soy la forastera residente.

DEBORAH TANNEN, "Daddy Young and Old"

21

El enseñarle a mi hermana a leer, escribir y contar, me dio desde la
edad de seis años un sentimiento de orgullo por mi eficiencia…
Cuando comencé a cambiar la ignorancia por conocimiento, cuando
comencé a imprimir verdades en una mente virgen, sentí que por
lo menos estaba creando algo real. No imitaba a los mayores: estaba
a su nivel…

SIMONE DE BEAUVOIR

Mi hermana me enseñó todo lo que necesito saber y lo hizo cuando
cursaba sexto grado.

LINDA SUNSHINE

Recuerdo que [mi hermana] Jackie y yo llorábamos juntas en
la habitación del fondo de esa casa, jurando que algún día
triunfaríamos. Lo lograríamos. Haríamos las cosas distintas.

AL JOYNER

El tenis era mi seguridad, en donde yo quería ser superior, no sólo a ella [Jeanne] sino a todos. Jugamos la una contra la otra tres veces en torneos y fueron los momentos en que me sentí más enferma en mi vida. Por un lado era mi hermana, y si le ganaba por mucho me sentía triste por ella. Por el otro lado, si, de golpe comenzaba a ganarme algunos juegos, yo me sentía amenazada.

CHRIS EVERT

HERMANAS

Salvaguardan nuestros secretos
Silencian nuestros errores
Suavizan nuestra comezón
Alejan nuestra seriedad
Esconden nuestras bromas
Suavizan el dolor de nuestros corazones
Sazonan nuestras vidas.

MARIAN OLSON

Hermanas de Verano está dedicado a Mary Weaver. Aunque nunca pasamos los veranos juntas ella fue y sigue siendo mi "hermana de verano," mi alma gemela. Nos encontramos en séptimo grado y nos conectamos desde el comienzo—Sullivan y Sussman—como un acto de comedia. Nos convertimos en equipo, las mejores amigas desde la primaria hasta la universidad. Gemelas separadas al nacer—tamaño idéntico—una con un bello rostro irlandés, la otra una niña judía con peinando de cola de caballo. Inseparables.

JUDY BLUME

…Acostumbraba a tomar dos pares de medias, las enrollaba con dos o tres pares más y se las ponía a [mi hermano] Butch y a [(mi hermana] Bárbara. Luego decía, "Butch tú eres Joe Louis y Bárbara, tú eres Billy Conn…" y los hacía pelear. Me gustaba embromar a los chicos, especialmente a Bárbara. Pero ella no se molestaba.

MICKEY MANTLE

Lo que más apreciaba de nuestra relación era que tenía un dominio real sobre ella. Los mayores me tenían a su merced. Si pedía su aprobación, ellos decidían si elogiarme o no....Pero entre mi hermana y yo las cosas sucedían con naturalidad....Sus lágrimas eran reales y si se reía de uno de mis chistes, yo sabía que no estaba tratando de burlarse.

SIMONE DE BEAUVOIR

Alguna vez [mi hermana] me dijo que se alegraba de que yo no me hubiera casado y que no tuviera hijos, porque entonces yo hubiera tenido ambas cosas [una carrera e hijos] y ella se hubiera sentido celosa de mí.

GLORIA STEINEM

Tú tienes los hijos, por derecho la fama me pertenece.
VIRGINIA WOOLF a su hermana Vanesa

Oh, tu hermana no baila twist sino rock and roll
En el rodeo, cuando los caballos corcovean, ella no se deja caer
Sólo tiene dieciseis pero puedes ver
que logra engañarme fácilmente
Tu hermana no baila twist sino rock and roll
Tu hermana no baila twist pero tiene más inspiración que yo

ELTON JOHN (letra por Bernie Taupin)

26

Un torrente de emociones confusas me atravesó. Estaba feliz al recordar nuestras risas; me hubiera encantado ser capaz de actuar como lo hacía [mi hermana] Jackie; me enfurecía su muerte; me sentía culpable; me daba miedo mirar hacia atrás pues podría saber por qué nos la habían quitado.

HILARY DU PRE, *Hilary y Jackie*

La siguiente fue [mi hermana] Phoebe. Un día llegué a almorzar, cursaba cuarto grado, y allí estaba ella en su cuna nueva. Toda colorada y gritando de tal manera que todas las cuerdas sobresalían de su cuello de recién nacida. ¿Y saben qué? No hacía ni el menor ruido. Ninguno. Esto lo dice todo acerca de ser el hijo del medio....

ALEX WITCHEL, *Girls Only*

Al preparar a mi hijo Eric, que entonces tenía cinco años, para el nacimiento de su hermana, yo enfaticé varios aspectos negativos. Predije que ya no tendríamos tanto tiempo sólo para él, que ya no tendríamos la paz y el silencio al que estábamos acostumbrados, que habría mucho alboroto y lágrimas a media noche y en medio de la conversación y que él tendría que ayudar en el cuidado de este nuevo intruso. Tal vez me sobrepasé. Una tarde, durante la comida, dos semanas después de que Pía llegara del hospital, Eric dijo, "Papá, no es ni la mitad de malo de lo que tú dijiste que iba a ser."

DR. LEE SALK, *Familyhood*

NO HAY MEJOR AMIGA
QUE UNA HERMANA

No hay mejor amiga que una hermana—
No la hay más leal y verdadera…
y aunque las hermanas sean distintas…
¡su parecido brilla a través!

28

Y cuando se necesita un poco de aliento…
  Una hermana siempre estará allí…
    para oír…
      para reír…
    para apoyarse…
para consolar
o simplemente para cuidar.

MARY ENGELBREIT

Pero al lograr el éxito Sofía no olvidó el hecho de que nosotras, su madre y su hermana renunciamos a una posible carrera. Entonces, para compensarnos, Sofía nos hizo parte a las dos de todo lo que hacía. Me llevaba a sus locaciones de cine, me contaba sus secretos, sus sueños y sus desilusiones—me hacía parte de su desarrollo en la vida, resultando de ello que me identificara tanto con la carrera de Sofía, que en la noche que ganó el Oscar, yo sentí que me lo habían dado a mí.

MARÍA, hermana de Sofía Loren

Me subiría en un avión mañana mismo. No creo que mi hermana comprenda cuanto la amo. Parece que me quedaré [en casa]. Soy una víctima de mi propia vida.

MARTIN, hermano de Madonna

Ya no reconocía a mi hermana…Eva se había vuelto arrogante, tiránica y sin tacto hacia su familia. Vivir con el más grande de la tierra lo vuelve a uno egoísta, hasta cruel.

ILSE BRAUN en *Eva Braun: la amante de Hitler*

Querida Kitty,

Margot es muy dulce y quiere que yo confíe en ella, pero no puedo contárselo todo. Es muy querida, es bella y buena, pero le hace falta la indiferencia para conducir discusiones profundas; me toma con tanta seriedad, con demasiada formalidad y luego piensa acerca de su extraña hermanita por largo tiempo, con cada palabra mía, me mira como buscando y continúa con sus pensamientos, "¿Es un chiste o realmente quiere decirlo?" Creo que esto sucede porque estamos juntas todo el día…

Tuya, Ana

ANA FRANK, *El Diario de Ana Frank*

Como los niños, él no tomaba en cuenta a su hermana. Así que generalmente jugaba solo.

FRANK LLOYD WRIGHT, *autobiografía*

…cuando Bette estaba en Hollywood recibió la noticia que Bobby, quien vivía en Phoenix, Arizona, moría de cáncer. Le pregunté a Bette si pensaba visitar a su hermana por última vez.

"Si Bobby quiere verme, puede venir hasta aquí, aunque sea gateando…Yo no voy a arrastrarme hasta Phoenix para verla."

ROY MOSELEY, *Bette Davis: An Intimate Memoir*

Mi hermana Kathy era todavía un bebé cuando yo era un valiente de siete años de edad. La diferencia de cinco años entre mi hermana y yo se remonta algunos años…como niños, crecíamos en universos separados. Nunca compartimos el mismo colegio ni los mismos amigos. Fue mucho más tarde, cuando nos convertimos en adultos que conocí realmente a mi hermana. Hoy compartimos una amorosa y cercana amistad.

PHIL DONAHUE

Dorothy estaba creciendo; ya medía dos pulgadas por encima de los cinco pies y pesaba 109 libras. Sus maliciosos ojos azules, su piel de porcelana y su pelo rubio la hacían irresistible. Todos la echaban a perder.

"No tiene sentido común," decía mi madre a menudo. La mayoría de las veces recaía sobre mí el tratar de persuadir a Dorothy para que hiciera lo que mamá pensaba que ella debía hacer. Dorothy era fieramente independiente….Por un tiempo se le conoció tan sólo como mi hermanita…pero Dorothy se convirtió en un personaje por derecho propio.

L<small>ILLIAN</small> G<small>ISH</small>

32

Era un número "estúpido"—oompah, oompah, oompah—primero caminábamos y cuando la orquesta aceleraba, nosotros corríamos. La verdadera razón para que resultara tan bien, era mi hermana. Ella era muy graciosa al hacerlo y yo iba tras ella. Era una gran comediante.

F<small>RED</small> A<small>STAIRE</small> en la película *Carta de amor*

NO HAY AMIGA
COMO UNA HERMANA

No hay amiga como una hermana
en tiempo calmo o tormentoso;
para alegrarnos el momento tedioso,
para buscarnos si nos descarriamos,
para levantarnos si nos caemos,
para fortalecernos mientras nos recuperamos.

CHRISTINA ROSSETTI

33

No hay un verdadero substituto para la comodidad que nos pro-
porciona una relación enteramente dada por hecho.

IRIS MURDOCH

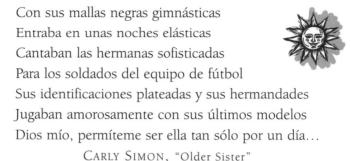

Con sus mallas negras gimnásticas
Entraba en unas noches elásticas
Cantaban las hermanas sofisticadas
Para los soldados del equipo de fútbol
Sus identificaciones plateadas y sus hermandades
Jugaban amorosamente con sus últimos modelos
Dios mío, permíteme ser ella tan sólo por un día…

CARLY SIMON, "Older Sister"

Cuando [mi hermana] Emily está enferma parece que no hubiera
para mí sol en el mundo. El lazo entre hermanas es cercano y muy
querido y creo que esa cierta dureza de su extraño y poderoso
carácter, hace que yo me apegue más a ella…

CHARLOTTE BRONTË

El buen Dios nos dio a las hermanas para que nos
recordaran que algunas veces las cosas más fuertes y más
flexibles de este mundo vienen en empaques muy hermosos.

RON, 44 AÑOS

Probablemente la relación más competitiva dentro de las familias es la de las hermanas, pero una vez que han crecido se convierte en la relación más fuerte. Casi siempre, son las hermanas las que podrán vivir juntas en su vejez….Muy pocas veces encontrarás hermanos que quieran vivir juntos cuando sean viejos.

Margaret Mead

¿Cuándo es el consuelo más reconfortante
que en los brazos de una hermana?

Alice Walker

Homero: Marge, teníamos un trato. Tus hermanas no vienen después de las seis y yo dejo de comerme tu lápiz labial.

Los Simpsons

Pisa suavemente, ella está cerca
Bajo la nieve,
habla con gentileza, ella puede oír
las margaritas crecer.

Toda su cabellera dorada
deslucida por la herrumbre,
ella, que fue joven y bella
regresó al polvo...

Paz, paz, ella no puede oír
Ni lira ni soneto,
toda mi vida está aquí enterrada.
Echen tierra sobre ella.

OSCAR WILDE, "Requiescat"

(un poema a su hermana)

Cuando yo era pequeña me colaba en la habitación de mi hermana para robar cosas. Cuando mi madre no me miraba, le pegaba a mi hermana y luego lloraba diciendo que ella me había pegado a mí. Cuando la familia le daba a ella mejores regalos, yo me encaprichaba, sacándola de casillas. Siempre peleábamos. Nos castigaban con frecuencia, enviándonos "a las dos" a nuestras habitaciones, con prohibición de salir "hasta que lo hubiéramos discutido y arreglado." Enloquecíamos a nuestros padres.

SARA SHANDLER, *Ophelia habla*

Te diré la verdad, yo no estaría aquí si no fuera por mi hermana Sadie. Somos compañeras y algo más: Sadie ha tomado la vejez como un gran proyecto. Tiene todo calculado, sabe sobre dietas y ejercicios. Algunas veces no quiero hacerlo, pero ella es mi hermana mayor y no quiero defraudarla.

BESSIE DELANY, *Having Our Say*

Mi madre llegaba de la oficina, nos besaba a mi hermana Elaine y a mí y se iba directo a la cocina a preparar la comida.... Mi padre y ella solían detenerse tan a menudo en la cafetería para comprar un molde de carne, un cocido o un postre, que Elaine y yo llamábamos a la cafetería "la cafetería de mamá."

DRA. JOYCE BROTHERS

Después que nuestra madre murió, yo me convertí en la superhermana...¡Oh!, todavía teníamos un padre, pero yo hacía por ellos lo que tradicionalmente hace una madre. Los encubría y me callaba, los sacaba de problemas y algunas veces les prestaba dinero.

ANNA QUINDLEN, *Hermanos*

¿POR QUÉ en nombre de Dios esta historia sobre tres hermanas debe ser narrada por un hombre? (el esposo de una de las hermanas). No lo entiendo.

LINDA STASI reseñando la seríe de TV *Las tres hermanas*

HERMANITA

* Hermanita, no
Hermanita, no
Hermanita no me beses
Una o dos veces
Y diciendo que es muy lindo
Te vas corriendo
Hermanita, no hagas
Lo que ha hecho la mayor.

Salí con tu hermana mayor
La llevé a una función
Fui por un batido
Y llegó Jim "El presumido"
Y se escabulleron juntos

*Repetir

Cada vez que veo a tu hermana
Ella va con alguien más

Es mezquina y malvada
Como un pequeño gorgojo de algodón
Creo que intentaré amarte a ti, ah

*Repetir

Bueno, yo te halaba las colitas
Y pellizcaba tu nariz respingada
Pero has crecido
Y se te nota
Desde la cabeza hasta los pies

Interpretada por ELVIS PRESLEY

39

Hace algunos años me encontré con un muchacho que tenía diez hermanos y hermanas. Vivían en una pequeña casa cerca de Kirkland. Allí varios hermanos dormían en una habitación y las hermanas en otra. Cuando cumplió los dieciocho años el muchacho se mudó y yo le pregunté si le gustaba vivir solo. "No sabía que podía existir tal silencio," me dijo.

STEVE JOHNSTON, Seattle Times

40

"¡El corazón de una hermana es un diamante en su pureza, un mar profundo de ternura!" dijo para sí.

HONORATO DE BALZAC, El padre Goriot

Ellas [las mujeres] son leales y devotas. Son las ciudadanas más fuertes. El ejemplo es mi hermana, con la que tuve una relación espectacular.

WOODY ALLEN

También, por naturaleza ella [mi hermana] es más sensible que yo. Muy introvertida, silenciosa, meditativa, tímida. Siempre retraída. Sofía parecía solitaria, aun en medio de la cocina llena de gente….Yo hacía disfraces, representaba comedias, tenía muchos amigos; Sofía siempre me miraba con sus grandes ojos tímidos, como si fuera un personaje de un cuento.

MARÍA, hermana de Sofía Loren

A mi hermana Sheila…por ser "el viento bajo mis alas" y nunca quejarse por ello.

STAR JONES

No ha habido grandes aventuras de las cuales hablar, tan sólo que
el Puente estaba abierto anoche cuando veníamos, en una tormenta
de lluvia, un velero pasaba por allí, todo muy romántico y como
siempre pensé en ti. ¿Crees que tenemos los mismos ojos, sólo que
con lentes diferentes? Yo prefiero pensar que estoy más cercana a ti de
lo que están las hermanas comunes. ¿Por qué nunca dejo de pensar
en ti, aún esta tarde cuando caminaba por el pantano y vi una gran
culebra, como una serpiente marina que se deslizaba por el pasto?

VIRGINIA WOOLF

42

¡Deberían ver a esa mujer!, [mi hermana] Se levanta en las mañanas
y repasa todos los periódicos buscando su nombre en ellos. Si no
lo encuentra, los tira y cuando aparece su nombre, ¡inmediatamente
lo recorta!

LEE RADZIWELL en Just Jackie

Fuimos realmente ingenuos. Imaginé que si tocaba guitarra y
cantaba con mi hermana, al día siguiente saldríamos en la televisión.

RIVER PHOENIX

Mi hermanita
siempre dice no.

Un día una amiga
vino a jugar.
Pero mi hermanita
no nos dejaba en paz.

Fuimos a mi habitación
y cerramos la puerta.
Pero mi hermanita dijo,
"¡NO CERRAR!"

MERCER MAYER, *Mi hermanita dice no*

Mi madre siempre nos dijo a mi hermana y a mí que hombres y mujeres son iguales—si no más.

AL GORE

Sólo nos hemos visto una vez en todo este año. Creo que me llamó sólo para poder decir que me había visto. Nunca pude entender el porqué del resentimiento de [mi hermana] Lee.

JACKIE KENNEDY ONASSIS en *Just Jackie*

Es cierto que nací en Iowa, pero no puedo hablar por mi hermana gemela.

ABIGAIL VAN BUREN

LA HERMANA SUSIE COSE CAMISAS PARA LOS SOLDADOS

La hermana Susie cose en la cocina con una máquina "Singer,"
Hay millas y millas de franela en el piso
    y subiendo por la escalera,
y papá dice que es un asco mezclarse con el algodón
y sentarse en las agujas que ella deja sobre las sillas.

Y deberías saber que en la puerta de la calle
    Ma susurra, "ven adentro."
Luego cuando preguntas dónde está Susie,
    ella dice con amor orgulloso:
La hermana Susie cose camisas para los soldados
    ¡Gran habilidad para hacer camisas
    Muestra nuestra tímida hermana Susie!

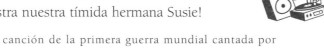

canción de la primera guerra mundial cantada por

Al Jolson (letra por R. P. Weston)

Tropieza en las zanjas,
baila sobre los platos,
mi madre me envió por levadura, por levadura;
Ella me pidió que fuera despacio,
y que regresara volando,
por miedo a que los jóvenes me hicieran daño.
Y tú no viste, y tú no viste,
¿Los necios trucos que me jugaron?
Rompieron mi jarra
Regaron el agua,
enfadaron a mi madre,
ahuyentaron a su hija,
besaron a mi hermana en lugar de a mí.

LA OCA CARLOTA

46

…Uno de los eventos más maravillosos de mi infancia, tal vez de toda mi vida, fue cuando mi hermana Judy nació…. Judy nació a las 5:30 de la mañana (la última vez que decidió levantarse tan temprano) y papito nos alzó en sus brazos a Susie y a mí y nos dijo que teníamos una nueva hermanita. No podíamos esperar a que mamá llegara del hospital para poder verla. No olvido la primera vez que la vi. Mamá la cargaba en sus brazos y yo me empiné para poder mirarla y lo único que pude observar fue su pelo rojo y su cara realmente encarnada. Su verdadero nombre es Frances Ethel, por nuestros padres, pero todos la llamábamos "Bebé" aún cuando iba al colegio. La verdad es que la mayoría de los adultos de la familia querían un niño, pero Susie y yo deseábamos una hermana por encima de todo. Mamá dice que aunque ella también esperaba un niño, tan pronto como alzó a Judy estuvo feliz que Dios que sabe mejor, le hubiera dado esa niñita. Papá realmente esperaba un niño, pero es gracioso ver como Judy instantáneamente se convirtió en el gran amor de la vida de nuestros padres y papito la adoraba.

JIMMIE (VIRGINIA) GARLAND

Papá tenía un gran sentido del humor y podía ser muy gracioso.
Un día mi hermana desde Vassar le envió un telegrama que decía:
"¡pronta asignación o quiebra!" Él inmediatamente le contestó
con otro telegrama que decía "¡Quiebra!"

KATHARINE GRAHAM

"Nunca sentí que hubiera estado bajo la sombra de Annika, pero
creo que sí ha sido así y que siempre lo será," dijo ella. "Sin
importar cuantos torneos gane, yo siempre seré su hermana. No
hay forma de cambiarlo y no me importa."

CHARLOTTA SORENSTAM

Toda mi vida hemos sido sólo nosotros
tres—Mamita, Carolina y yo.

JOHN F. KENNEDY, JR., su brindis en el
matrimonio de su hermana en 1986

Karen y yo estábamos destinados a trabajar juntos.
Su forma de cantar y cómo nuestras voces se unían
y además el que yo supiera como escribir y hacer
arreglos era el destino…Karen era única…y una
cantante fabulosa.

RICHARD CARPENTER

Te has ido y estás perdida para siempre,
lo siento mucho, Clementina…

Pero besé a su hermanita,
y olvidé a mi Clementina…

PERCY MONTROSE, "Clementina"

Mi familia y yo éramos muy cercanos y como vivíamos en el campo estábamos en casa todas las noches. Después de la comida mis hermanos, hermanas y yo jugábamos y contábamos historias, riendo y divirtiéndonos hasta la hora de dormir....Ésta era mi vida y yo sabía que tenía suerte.

JENNIE GARTH, actriz

Cuando crecían, Lee era la bella y la que reconocía la moda y el estilo. De joven trabajó como asistente especial de Diana Vreeland, la legendaria editora de Harper´s Bazaar....Luego Lee vivió en Inglaterra, viajó con el jet set, y sus amigos fueron los más ricos y brillantes. Aún cuando Jackie era la Primera Dama y andaba por allí tratando de parecerse a Audrey Hepburn...Lee se consolaba a sí misma pensando que ella era la que vivía una vida verdaderamente sofisticada y no su hermana mayor.

EDWARD KLEIN, *Just Jackie*

A MI HERMANA

¡Ven, hermana mía!
Ven, te lo ruego
con rapidez ponte
tu vestido silvestre;
Y no traigas libros:
Por este día
nos dedicaremos al ocio.

WILLIAM WORDWORTH

Mi hermana no es abogada ni comentarista de televisión;
es una mujer de negocios y mi madre no podría estar más
orgullosa. (En este momento Sheila es la más importante,
ya que ella y mi bien parecido cuñado Thomas le han dado
a mis padres su primer nieto.)

STAR JONES

Puedes elegir a tus amigos pero no puedes elegir a tu familia.
Con el tiempo nos alejamos….Yo amo a mi hermana [Jackie]
pero ya no somos tan unidas como solíamos ser. Eso de alguna
manera es triste…no creo que ella haya estado complacida
cuando comencé a escribir…

JOAN COLLINS

52

Luego que mi hermana recobró la salud, a menudo se reunía
con mi madre en los cafés. Para ser una niña de seis años, tenía
una voz preciosa y le fascinaba tener audiencia cuando cantaba.
Yo anhelaba cantar con ella, aunque mi voz no era tan buena como
la de María, pero era demasiado tímida aún para ir a oírlas.

SOFÍA LOREN

Yo siempre creí que Erma Franklin, la hermana mayor de Aretha, sería la estrella. Más tarde ella también grabó discos e hizo apariciones en televisión. Aunque a mi me encantaba el jazz y aunque la gente del ritmo & blues no era de mi agrado, en mi libro—que en ese momento estaba bastante incompleto—Erma era innegablemente serena. Casi me muero cuando me enteré de que fueron ella y su hermana Carolyn las que tuvieron la idea de intercalar la frase "¡sock it to me!" [dámelo] como coro de la ardiente canción "Respect," de Aretha.

AL YOUNG, *Revista Salon*

Yo estoy muy agradecida con mis hermanas porque me enseñaron todo lo que sé acerca de la gente. Por haberme mostrado diferentes maneras de crecer. Por nunca haber tenido que preocuparme por su respaldo.

WENDY WASSERSTEIN

Siempre sentí que por ser la mayor era la protectora, la que siempre debía dar ejemplo, la que debía asegurarse de que todos estuvieran bien y que todo estuviera bajo control. Todavía me siento de la misma manera. Básicamente muy maternal hacia mis hermanas. Eso nunca ha cambiado.

JOANNA SIMON, cantante de ópera, hermana de Carly Simon

Realmente no somos comunes. Nuestras historias no serán de gran ayuda para nadie porque estamos tan distantes en edad, más como madre e hija que como hermanas.

GLORIA STEINEM

Ana, no debes molestar a mamita. Ella está reinando.

PRÍNCIPE CARLOS a su hermana la Princesa Ana

Todos trabajan en casa, menos mi viejo
Mi madre lava y también mi hermana Ana.
Todos trabajan en casa, menos mi viejo.
"Todos trabajan menos mi viejo"

Letty me gustó desde el momento en que la conocí.
Creo que fue el destino.
WOODY ALLEN sobre su hermana

…había una vez—yo tenía seis y Adela tenía siete—cuando pensaba en ella con desdén. No sabía jugar a la pelota, no hacía barras, no chiflaba por entre los dientes; ni siquiera sabía escupir. En las noches le rezaba a Dios para que la volviera un hermano. Vaya, un día hasta me amarró una cinta rosa en el pelo.
FRED ASTAIRE

Mi hermana Molly y yo nos peleamos,
¿Y por qué crees que sucedió?
A ella le gustaba el café y a mí el té,
Y por esa razón nunca estuvimos de acuerdo.

LA OCA CARLOTA

[Mi hermana] Natalie tenía dieciséis años, siempre en compañía, con grandes ojos oscuros y abundante cabello oscuro…Natalie, después de todo era una estrella. No sólo eso, había hecho hasta lo imposible por lograrlo: comenzó como estrella infantil, pasó graciosamente a través de la adolescencia manteniendo su estrellato. Siguió siendo una estrella hasta su muerte.

LANA WOOD

Ella [Vanessa] me cuidó y me protegió.

LYNN REDGRAVE

56

No somos profesionales de la radio. No somos periodistas. No somos expertas. Tan sólo somos hermanas.

SATELLITE SISTERS Web site

Préstele atención a Blanca nieves. Creo recordar que nuestra hermana requirió de algunos puntos en el labio por andar besando a un muchacho con frenos y le dijo a mamá que se había caído dentro del armario.

ERMA BOMBECK, *Family—The Ties That Bind...and Gag!*

El mayor problema de Beatrice Quimby era su hermanita Ramona. Beatrice o Beezus (como la llamaban todos desde que Ramona la llamó así cuando aprendió a hablar), conocía a otras niñas de nueve años que tenían hermanitas que iban a la guardería, pero no conocía a ninguna otra con una hermanita como Ramona...una de las cosas más exasperantes de Ramona era que parecía no comprender lo que no debía hacer.

BEVERLY CLEARY, *Beezus y Ramona*

Somos los mejores amigos y nos queremos,
nos cuidamos y nos preocupamos el uno por el otro.

PETER FONDA sobre su hermana Jane

Queridísima Hermana,
…créeme, podrías ganar mucho dinero, por ejemplo en Viena,
tocando en conciertos privados y dando lecciones de piano.
Serías muy solicitada—y te pagarían bien.

WOLFGANG [AMADEUS MOZART]

[Mi hermana] Delia es capaz de decirme cualquier
cosa y mucho me temo que lo hace a menudo.

NORA EPHRON

Yo conozco mi relación con mi hermana. Sé que la amo más que a nadie en el mundo—y siempre la amaré. Sé que moriría por ella.

James Haven Voight sobre su hermana Angelina Jolie

Siempre acudí a Lisa, mi hermana mayor, en los momentos de crisis, de necesidad o de curiosidad.

Julia Roberts

Mi hermana y yo nunca nos enzarzamos en ninguna rivalidad de hermanas. Nuestros padres nunca mostraron preferencia por ninguna de las dos.

Erma Bombeck

En las idas y venidas de aquellos años en Maysville, la única constante fue mi hermana. Yo era seis años mayor que Nicky y nos volvimos amigos años después. Pero sólo tenía tres cuando nació Betty y crecimos juntas. Casi siempre compartí con ella mi habitación, jugué con ella, hablé y reí y peleé con ella. Y no hubo ni un instante en el que no la amara.

ROSEMARY CLOONEY

Hermanas, hermanas, nunca hubo hermanas más devotas,
Nunca tuvieron que tener acompañanta, no señor
Estoy aquí para observarla
Cuidadosa, compartiendo cada cosa que nos ponemos
Cuando cierto caballero llegó de Roma
Ella usó el vestido y yo me quedé en casa.

Dios ayude al hombre
Que se entremeta entre mi hermana y yo
Y Dios ayude a la hermana que se entremeta entre mi hombre y yo.

IRVING BERLIN, "Hermanas," en *Una blanca navidad*

Mamá siempre nos aconsejó no entrar al mundo del
espectáculo. "Me romperán el corazón," nos decía. "No
quiero verlas pasar por lo que yo pasé." Pero [mi hermana]
Liza y yo nos ganamos la vida cantando…

LORNA LUFT

Estamos sincronizadas por completo. Sucede en todo lo que
hacemos. Es como el agua. Tenemos química y es sensacional.
Como cuando nos presentamos en Marion, nos miramos, nos
reímos y nos balanceamos al tiempo. Nos entendemos y sentimos
lo mismo acerca de lo que hacemos.

ANDREA PONTANI de las Hermanas Pontani

...la amiga que se convierte en tu hermana es realmente la hermana de tu corazón. Comparte tu sensibilidad. El día que cambia de amiga a hermana es así: un día estás de malas con ella, tal vez vagamente decepcionada, irritada, con ganas de cambiar su personalidad aunque sea un poco, pero lo dejas pasar porque el punto importante es: siempre la amarás, sin importar nada. Incondicionalmente.

WHITNEY OTTO

Caitlin la sostiene un minuto, a cierta distancia, para mirarla. "Dios, Vix..." dice, "te ves tan...¡crecida!" Las dos se ríen, luego Caitlin la abraza. Huele a agua de mar, loción bronceadora y algo más. Victoria cierra los ojos, respirando el conocido olor y por un momento es como si nunca se hubieran separado. Todavía son Vixen y Cassandra, hermanas de verano para siempre. Lo demás es un error, un chiste tonto.

JUDY BLUME, *Hermanas de verano*

...la concepción popular de Lillian como suave y soñadora, me hace pensar un poco en el modelo utilizado demasiadas veces en los cómics. Un sombrero que está tirado en la acera; una persona lo patea con entusiasmo y descubre con asombro y dolor que dentro de él hay escondido un ladrillo o una plancha...

Cómo le envidio su propósito único, el ser incansable, su cabal seriedad que la ha llevado derecho a las alturas que ha alcanzado y más allá.

DOROTHY GISH

Nos dormíamos agarradas de nuestros cabellos.

ASHLEY JUDD, acerca de su hermana Wynona

Somos hermanas. Siempre lo seremos. Es posible que nunca desaparezcan nuestras diferencias, pero para mí, tampoco desaparecerá nuestra canción.

ELIZABETH FISHEL, *Sisters: Shared Histories, Lifelong Ties*

Seguro que me haces falta, viejita.
El Señor me dejó aquí, y te llevó. Se llevó a mi hermanita.
Estuviste a mi lado por más de 104 años y ahora te has ido.
Tengo que decirte la verdad. Estar sola es duro. Por la primera vez en mi vida no te tengo a mi lado. Ya tengo 107 años y parece que estuviera aprendiendo a caminar.

SARAH DELANY, *Reflections on Life Without Bessie*

He sido hermana por más tiempo de
lo que he sido cualquier otra cosa en mi vida.

ANNA QUINDLEN, *Hermanos*